MATEMÁTICA FINANCEIRA COM A
HP 12C

Andrew Carvalho Pinto

Dados Internacionais de Catalogação na Publicação (CIP)
(Câmara Brasileira do Livro, SP, Brasil)

Pinto, Andrew Carvalho
    Matemática Financeira com a HP 12C / Andrew
Carvalho Pinto. – São Paulo : Barros, Fischer &
Associados : Clio Editora, 2010.

ISBN 978-85-7711-166-4

1. HP-12C (Calculadora) 2. Matemática financeira
I. Título.

10-11940	CDD – 650.01513

Índice para catálogo sistemático:
1. HP-12C : Uso em matemática financeira : Administração   650.01513
2. Matemática financeira : Uso de HP-12C : Administração   650.01513

MATEMÁTICA FINANCEIRA COM A
HP 12C

Andrew Carvalho Pinto

MATEMÁTICA FINANCEIRA COM A

HP 12C

Coordenação
Andréa Barros

Projeto gráfico e capa
Flávio Barros Pinto e
Cláudio Scalzite

Preparação e revisão
Marcia Menin

Este livro é uma coedição da
Barros, Fischer & Associados
e da Clio Editora, produzida
especialmente para a Laselva,
sob licença editorial do autor.
Copyright © 2016 Barros, Fischer
& Associados Ltda.

Todos os direitos reservados.
Nenhuma parte deste livro
poderá ser reproduzida por
fotocópia, microfilme, processo
fotomecânico ou eletrônico sem
permissão expressa dos editores.

1.ª EDIÇÃO
12.ª tiragem ♦ Agosto / 2016

Endereços
Barros, Fischer & Associados Ltda.
Rua Ulpiano, 86, Lapa, São Paulo
CEP 05050-020
Tel./fax: 0 (xx) 11 3675-0508

Clio Editora
Av. Paulista, 967 – 14º andar
Conjunto 9 – São Paulo, SP
CEP 01311-100

Impressão e acabamento
Vox Gráfica

Caro leitor
1. O conteúdo deste livro foi publicado originalmente como *Resumão*.
Os tópicos foram revistos pelo seu autor, especialmente para esta edição.

2. Os testes feitos para esta obra foram realizados em calculadoras de uma e três pilhas, as mais comuns do mercado.

SUMÁRIO

1	A calculadora	7
	Uso do teclado	7
	A pilha operacional	10
	Teste sua calculadora	13
	Memória	14
	Número de casas decimais	16
	Separadores de dígitos	17
	Números grandes	18
	Limpeza	19
2	Potenciação e raiz	20
3	Porcentagem	22
4	Operações com datas	25
5	Prazo médio	29
6	Juros simples	31
7	Juros compostos	34
8	Cálculo de períodos não inteiros	38
9	Descapitalização	41
10	Conversão de taxas	43
	Taxas nominal e efetiva	43
	Taxas equivalentes	45

11 Séries uniformes de pagamento 49
　　Série postecipada 49
　　Série antecipada 51
　　Série diferida 53
　　Série com parcela complementar 55
12 Amortização 56
13 Cálculo do fator multiplicador 58
14 Análise do fluxo de caixa 61
　　Método do Valor Presente Líquido 62
　　Método da Taxa Interna de Retorno 64

1 A CALCULADORA

USO DO TECLADO

Para selecionar a função secundária impressa em letra dourada acima de uma tecla, aperte a tecla [f] e, em seguida, a tecla de função.

Para selecionar a função primária impressa na face superior de uma tecla, aperte somente a tecla.

Para selecionar a função secundária impressa em azul na face inferior de uma tecla, aperte a tecla [g] e, em seguida, a tecla de função.

Lançada em 1981, a HP 12C (chamada popularmente de HP) é a calculadora mais conhecida e utilizada por quem necessita trabalhar com cálculos financeiros.

Avançada – trabalha com muitas funções e memórias – e **programável** – possui funções para edição de programas, número ampliado de memórias, etc. –, utiliza o método RPN (sigla em inglês de *Reverse Polish Notation*, ou notação polonesa reversa), criado pelo cientista australiano Charles Hamblin nos anos 50 a partir de um aprimoramento do método de notação polonesa, conhecido desde os anos 20.

Esse sistema, combinado com outra característica da HP, que é o funcionamento com **pilha operacional**, possibilita realizar operações lógicas encadeadas, com a inserção de todos os dados de uma única vez, diferentemente do que ocorre com as calculadoras que operam no modo algébrico, em que os cálculos complexos devem ser executados etapa a etapa.

É por conta desse modo de funcionamento que na HP os elementos devem ser inseridos antes da operação.

Operação	Notação algébrica (calculadoras comuns)	Notação polonesa reversa (HP 12C)
a+b	a+b	ab+
$\frac{a+b}{c}$	(a+b)/c	ab+c/
$\frac{a.b-c.d}{e.f}$	((a*b)-(c*d))/(e*f)	ab*cd*-ef*/

Assim, para realizar a operação 4+6= na HP, procede-se da seguinte forma:

Ou seja, digitam-se primeiro os elementos da operação e, por último, a operação (no caso, soma), sem a necessidade de digitar [=], tecla que inexiste na calculadora HP (na versão Platinum, a tecla [=] existe, porque um dos diferenciais desse modelo é permitir o uso no modo algébrico de cálculo).

A pilha operacional

A HP utiliza um processo de armazenamento de dados denominado **pilha operacional**, que nada mais é do que um arquivo com quatro registradores (X, Y, Z e T) nos quais são "guardados" os valores necessários à realização das operações.

Usa-se o nome "pilha" porque os registros vão sendo "empilhados" dentro da máquina; os dados apresentados no visor são os relativos ao registrador X.

À medida que são inseridos novos dados, eles vão sendo "empilhados" até a realização de operações subsequentes.

Utilizando o exemplo anterior, é possível compreender, pela figura a seguir, como funciona a pilha operacional da HP.

Tecla pressionada	Registros		Ações realizadas
	T		Limpa
	Z		os registros
	Y		
	X	0	
	T		O número
	Z		4 aparece
	Y		no visor
	X	4	
	T		O número 4 é
	Z		"empilhado" em
	Y	4	Y, deixando cópia
	X	4	provisória em X
	T		O número 6
	Z		substitui a cópia
	Y	4	provisória em X
	X	6	
	T		Ao digitar a
	Z		operação, os
	Y		conteúdos de X
	X	10	e Y são somados, e o resultado é mostrado em X

Como dito, é a combinação do sistema RPN e do funcionamento com pilha operacional que permite otimizar as operações na HP em relação às calculadoras convencionais.

Vejamos a seguinte expressão:

(7+3) + (15-4)

Enquanto em uma calculadora algébrica (comum) é necessário realizar cada operação colocada entre parênteses de uma vez e anotar o resultado, na HP é possível realizar todas as operações simultaneamente:

Note que as operações são feitas seguindo a hierarquia algébrica (primeiro, o que está dentro dos parênteses).

Assim, a soma entre os parênteses é a última etapa, procedida apenas depois que a calculadora já armazena, na pilha operacional, o resultado da operação de cada um deles.

> **Nota:** *a tecla ENTER somente é utilizada para a introdução dos primeiros números. Isso porque, após o segundo número, em cada operação, é dado um comando (somar e subtrair). Assim, a calculadora pode identificar que o número "acabou". Isso não ocorre quando se introduz o primeiro valor. Portanto, ENTER "informa" à calculadora que o próximo número a ser digitado não compõe mais o primeiro elemento da conta e que ela pode armazenar aquele valor já introduzido na pilha operacional.*

Teste sua calculadora

Para realizar um teste rápido de funcionamento, proceda da seguinte forma: desligue a calculadora. Com a HP desligada, aperte a tecla correspondente ao sinal de multiplicação ⊠. Mantendo a tecla pressionada, tecle ⊙ e, em seguida, solte ⊠.

A calculadora apresentará a mensagem "*running*" (processando) e, na sequência, o visor mostrará todos os *leds* ligados, com o sinal (-) à frente, dez números e todas as funções possíveis, o que demonstra que sua calculadora está em perfeito funcionamento. Apertando qualquer tecla, a máquina voltará ao modo normal.

Memória

A memória da HP é constante, ou seja, conserva os dados armazenados mesmo quando a calculadora é desligada. Há 20 memórias, que são armazenadas em registradores numerados de 0 a 9 e de .0 a .9 (coloca-se o ponto antes do número do registrador).

Por exemplo, para armazenar o número 35 no registrador 3 e o número 71 no registrador 1:

Para recuperar os dados:

A HP permite ainda realizar operações com o conteúdo das memórias armazenadas nos registradores de 0 a 4.

Por exemplo, para somar o número 20 ao conteúdo do registrador 3:

Ao recuperar o conteúdo (RCL 3), será mostrado o número anteriormente armazenado (no exemplo, 35) somado ao número 20, ou seja, 55.

Número de casas decimais

Como possui capacidade para até 10 dígitos no visor, a calculadora HP trabalha com até 9 casas decimais. Para definir o número de casas decimais com o qual se queira trabalhar, procede-se da seguinte forma:

f seguido do número de casas desejado após a vírgula (0 a 9).

> *Nota:* a HP 12C faz o arrendondamento apenas para a apresentação no visor, com o número de casas desejadas. Nas operações, ela considerará o número com todas as casas decimais. Portanto, se forem colocadas duas casas decimais após a vírgula, tendo 2,253 no visor, ela apresentará 2,25. Porém, ao multiplicar esse número por 2, será apresentado o resultado de 4,51 e não 4,50. Para arredondar de fato, excluindo qualquer casa excedente ao número de casas desejado, deve-se utilizar, após a definição do número de casas, a função **f** **PMT**.

Separadores de dígitos

A calculadora HP 12C vem programada de fábrica para exibir o padrão de separação centesimal e decimal americano, ou seja: vírgula como separador de milhar; ponto como separador decimal (por exemplo: US$ 1,000.00).

Para alterar esse padrão, basta desligar a calculadora e manter pressionada a tecla ⬛ enquanto pressiona ⬛. Será apresentado, a partir de então, ponto como separador de milhar e vírgula como separador decimal (como em R$ 1.000,00), que é o padrão utilizado no Brasil.

Números grandes

Para trabalhar com números com mais de 10 dígitos ou simplesmente simplificar operações com números muito grandes, utiliza-se o princípio da notação científica (por exemplo: $16.000.000 = 1{,}6 \times 10^7$). Para isso, usa-se a função [EEX/ΔDYS].

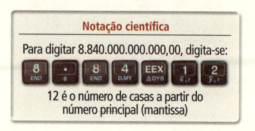

A calculadora indicará a notação com o número do expoente ao qual foi elevada a base 10 do lado direito do visor.

A partir daí, poderão ser realizadas quaisquer operações com o número determinado na notação científica.

Limpeza

 Limpa apenas o registrador "X", ou seja, o número que aparece no visor. As demais memórias ficam inalteradas.

  Limpa todas as memórias.

  Limpa as memórias financeiras (**n**, **i**, **PV**, **PMT** e **FV**).

  Limpa as memórias da pilha operacional e as memórias estatísticas.

  Limpa as linhas de programação.

  Limpa os prefixos (, , , e).

2 POTENCIAÇÃO E RAIZ

A tecla ▪ eleva qualquer base "y" a um expoente "x".

Exemplo: 2^3

Para calcular a raiz quadrada de um número, basta digitá-lo, utilizar o prefixo ▪ e a tecla ▪.

Exemplo: $\sqrt{25}$

Já para calcular outra raiz que não a quadrada (cúbica, quarta, etc.), parte-se do princípio matemático que determina que "a raiz de um número é igual a esse número elevado ao inverso da raiz", como no exemplo:

$$\sqrt[4]{625} = 625^{\frac{1}{4}} = 625^{0,25}$$

Assim, utiliza-se a tecla [1/x], que calcula o inverso de um número (por exemplo: [4] [1/x] apresentará 0,25 = 1/4).

Portanto, para calcular $\sqrt[4]{625}$:

> **Nota:** *o inverso de um número é a representação fracionária desse número invertida. Exemplo: 4 = 4/1, que "invertido" é 1/4.*

3 PORCENTAGEM

Para calcular a porcentagem de qualquer número, digita-se o número e, em seguida, a porcentagem que se deseja calcular, seguida da tecla ![%].

Por exemplo, 30% de 45:

O valor calculado pode ser adicionado (acréscimo percentual) ou subtraído (desconto).

Por exemplo, para calcular um desconto de 20% sobre o preço à vista de R$ 650,00:

A HP também permite calcular a diferença percentual entre dois números, determinando se houve acréscimo (resultado positivo) ou decréscimo (resultado negativo).

Exemplo: Um produto tinha preço à vista de R$ 720,00. A prazo, saiu por R$ 750,00. De quanto foi o acréscimo?

Ou seja, acréscimo de 4,17%.

Também se pode calcular a participação percentual de um número ou de um conjunto de números sobre um total determinado.

Exemplo: Em uma população de 20.050 habitantes, sabe-se que 1.950 têm curso superior, 6.500 têm escolaridade de nível médio e 10.300 possuem nível fundamental. Qual é o percentual de cada nível de escolaridade em relação ao total?

Ou seja, os valores correspondem a 9,73%, 32,42% e 51,37%, respectivamente, sobre o total da população.

4 OPERAÇÕES COM DATAS

A HP 12C vem formatada de fábrica para o sistema americano de notação de data, ou seja, no formato mês/dia/ano (MM/DD/YYYY). Para trocar a ordem para nosso sistema de notação (DD/MM/AAAA), digita-se [9] [4]. Aparecerá então no visor, mais à direita, a notação D.MY.

Para cálculo do número de dias entre duas datas, basta digitá-las, seguidas da função de "diferença de dias".

Uma data sempre deve ser digitada com os dois primeiros dígitos (relativos ao dia no sistema brasileiro ou ao mês no sistema americano) separados por (.) dos demais dígitos (relativos ao mês e ano ou ao dia e ano, respectivamente).

Exemplo: Quantos dias decorreram entre as datas de 21 de abril de 1995 e 25 de outubro de 2005?

É importante salientar que a calculadora apresentará o número de dias considerando um calendário de 365 dias (gregoriano). Como nas operações financeiras o mais corrente é o uso do calendário comercial (360 dias), a HP já faz o cálculo para ele, bastando, para apresentar esse resultado, pressionar a tecla ![x≷y].

A HP também é capaz de determinar uma nova data a partir do número de dias fornecido e de uma data de referência. Esse recurso é bastante útil, por exemplo, na determinação do vencimento de títulos.

Exemplo: Um título emitido em 20 de setembro de 2010, com 30 dias de prazo para pagamento, terá vencimento em que data?

Note-se que a data é apresentada e, junto a ela, um número, que corresponde ao dia da semana, de 1 (segunda-feira) a 7 (domingo). Assim, o número que foi apresentado (3) indica que o vencimento se dará em uma quarta-feira.

Como a HP 12C é capaz de calcular datas entre 15 de outubro de 1582 e 25 de novembro de 4046, esse recurso também pode ser utilizado para saber em que dia da semana caiu qualquer data. Para isso, digita-se a data e, no número de dias, coloca-se 0. A data será reapresentada com o dia da semana equivalente.

Exemplo: Em que dia da semana caiu a data 29 de abril de 2006?

A calculadora retornará à data inicial, pois entre ela e a nova data transcorreu "zero" dia. No entanto, ela será acompanhada do número relativo ao dia da semana, no caso, 6, um sábado.

A calculadora também pode determinar uma data passada. Basta, para isso, digitar o número de dias em formato negativo, ou seja, seguido da tecla ![CHS].

5 PRAZO MÉDIO

O cálculo de prazo médio é muito utilizado nas operações que envolvem desconto antecipado de títulos. Como os títulos a serem descontados, na maioria das vezes, apresentam prazos e valores diferenciados, é necessário estabelecer uma "média" entre eles, de maneira a facilitar a aplicação do percentual de desconto. Entretanto, essa não pode ser uma média aritmética simples, mas sim uma média aritmética ponderada. A HP faz esse tipo de cálculo.

Por exemplo, no caso de três títulos para desconto com os seguintes vencimentos e valores:

Prazo	Valor
30 dias	R$ 10.500,00
45 dias	R$ 7.000,00
40 dias	R$ 12.000,00

Portanto, o cálculo do desconto seria realizado sobre o valor total dos títulos, ou seja R$ 29.500,00, como se todos vencessem dentro de 37,63 dias.

6 JUROS SIMPLES

Na HP 12C, o cálculo de juros simples (aqueles nos quais a taxa incide sempre sobre o principal, independentemente dos juros gerados no período anterior) é realizado na base de 360 dias (calendário comercial). Assim, dados como período devem ser apresentados em dias, enquanto a taxa a ser apresentada será anual.

Exemplo: Qual é o valor dos juros de um empréstimo a juros simples, no valor de R$ 1.300,00, com taxa de 7% a.a. e prazo de 60 dias?

O valor dos juros poderá, então, ser somado ou subtraído do principal, resultando, respectivamente, no **montante**, no caso de investimentos ou financiamentos, ou no **valor líquido**, no caso de desconto de títulos, bastando para tanto utilizar as teclas ➕ ou ➖.

> **Nota:** *o uso da tecla* CHS *(change signal, ou troca de sinal) está submetido à convenção do fluxo de caixa e influenciará o resultado apresentado. Assim, se fizermos um investimento, o valor do principal será negativo, pois inicialmente "saiu" de nosso caixa, e retornará um valor de juros – e um montante – positivo, tendo em vista que teremos crédito desse valor. Já se tomarmos um empréstimo, o valor inicial será positivo, pois receberemos o dinheiro, retornando um valor negativo, que equivalerá ao montante que deveremos pagar no futuro ou que "sairá" de nosso caixa. Esse processo é usual em todos os cálculos envolvendo juros.*

Como foi dito, os juros são apresentados na base de um calendário de 360 dias (meses de 30 dias), os chamados "juros comerciais".

Para apresentar os juros acumulados na base de 365 dias (calendário gregoriano, bem menos usual nesse tipo de operação), os "juros exatos", pressionam-se as teclas ▪▪ ▪▪, após a apresentação do resultado.

Essas são teclas de movimento da pilha operacional, que fazem com que sejam mostrados os juros exatos, já calculados e armazenados no registrador Z.

7 JUROS COMPOSTOS

O cálculo de juros compostos (aqueles nos quais os juros de um período são somados ao principal, para o cálculo dos juros do período seguinte, popularmente conhecido como sistema de "juros sobre juros") é de longe o mais utilizado nos financiamentos em geral, tanto no sistema bancário como nas transações comerciais.

Na HP, esse cálculo torna-se demasiado fácil, porque, dentre outros aspectos, a calculadora possui um conjunto de registradores e teclas especiais para esse fim, denominado "setor financeiro".

Dos quatro elementos presentes no cálculo de juros compostos (principal ou capital, taxa, prazo e montante – ou valor futuro), sempre que ao menos três forem fornecidos, a HP 12C calculará o quarto elemento, seja ele qual for.

Exemplo: Quanto será pago por um financiamento de R$ 1.500,00 a uma taxa de 1,5% a.m. em um período de seis meses?

Se tivéssemos o valor futuro já determinado e quiséssemos determinar a taxa:

> *Nota:* nesse processo, não importa a ordem dos elementos; qualquer um pode ser digitado a qualquer tempo. Não há, igualmente, a necessidade de converter taxas ou prazos, desde que eles estejam em equivalência de tempo – taxa ao mês (a.m.), prazo em meses.

Na ocorrência de uma taxa anual que tenha regime de capitalização mensal (muito comum em financiamentos habitacionais, por exemplo), pode-se proceder à conversão e ao armazenamento direto digitando a taxa anual e em seguida utilizando a função ⬛ ⬛ .

Da mesma forma, converte-se o prazo de financiamento dado em anos para meses simplesmente digitando o número de anos e, em seguida, a função [9] [n].

Destaque-se que ambas as funções não apenas dividem ou multiplicam os dados, mas também registram a informação diretamente nos registros relativos à taxa e ao prazo, respectivamente.

8 CÁLCULO DE PERÍODOS NÃO INTEIROS

A HP 12C procede normalmente ao cálculo de períodos fracionados de tempo. No entanto, é importante certo cuidado, pois o resultado dependerá de estar indicado ou não um "C" no canto inferior direito do *display*.

Se, por exemplo, calcularmos o montante acumulado sobre um capital de R$ 500,00, com taxa de 4% a.m., durante 13 meses e 18 dias (13,60 meses), obteremos os seguintes resultados:

Com o "C":

Sem o "C":

Isso ocorre porque o "C" indica a programação da calculadora para realizar o cálculo pelo método da "convenção exponencial", ou seja, todo o período – partes inteira e fracionária – a juros compostos.

Quando o "C" não está ativado, ela procederá ao cálculo pelo método da "convenção linear" – parte inteira a juros compostos e parte fracionária a juros simples –, o que dará um valor não apenas diferente, mas sempre maior.

A convenção linear é utilizada no cálculo do saldo devedor de contas correntes, porém a convenção exponencial é o método mais largamente empregado.

Para ativar ou desativar o "C", basta teclar sucessivamente ▪ ▪ .

> **Nota:** *a conversão do número de dias em um período fracionário de mês se dá pela simples razão entre esse número e 30; assim, 18/30 = 0,60.*

9 DESCAPITALIZAÇÃO

O processo de descapitalização é usado para saber o valor principal do financiamento, ou seja, de posse do valor do montante (juros + capital), da informação da taxa e do prazo, determinar qual foi o valor original, do qual resultou esse montante.

Por exemplo, para saber o valor original de um financiamento que resultou em um montante de R$ 1.780,00, com taxa de 2,3% a.m., durante três meses:

Nota: esse tipo de processo também é utilizado para saber qual valor original resultará, com os juros, num valor futuro desejado – uma meta de poupança, por exemplo.

10 CONVERSÃO DE TAXAS

Taxas nominal e efetiva

Pode acontecer comumente de determinada taxa ser dada em um regime de tempo diferente daquele em que ocorrerá, efetivamente, a capitalização.

É o que sucede, por exemplo, quando há uma taxa de 9% ao ano com capitalização mensal.

Note que o período determinado na taxa (nominal) é diferente daquele em que se dará sua aplicação sobre o saldo devedor (taxa efetiva).

É evidente que, ao final do período (no caso, um ano), a taxa efetiva será maior do que os 9% propostos inicialmente, pois houve sucessivas aplicações sobre o saldo devedor e, consequentemente, o acúmulo de juros sobre juros em mais períodos.

Na HP 12C, para converter a taxa nominal em efetiva, sabendo, portanto, a taxa realmente cobrada em um financiamento nessa modalidade, procede-se da seguinte forma:

Nota: o número de períodos de capitalização dentro da taxa nominal estará sempre relacionado ao período previsto na taxa, ou seja, 12 (meses) para taxa anual com capitalização mensal, 2 (trimestres) para taxa semestral com capitalização trimestral e assim por diante.

Taxas equivalentes

Duas taxas são equivalentes quando, aplicadas sobre o mesmo capital, durante o mesmo período, geram o mesmo montante.

Quando se trata de juros simples, para determinar taxas equivalentes, basta fazer uma relação entre multiplicação e divisão; assim, uma taxa de 2% ao mês é *equivalente* a 24% ao ano e vice-versa.

Já no caso de juros compostos, a solução é um pouco mais complexa, visto que os juros somam-se ao principal, para o cálculo da capitalização do período seguinte.

A HP 12C facilita muito o processo de conversão de taxas (mensal em anual, por exemplo), que nada mais é do que a determinação de taxas equivalentes.

Por exemplo, para determinar a taxa anual equivalente à taxa de 5% a.m.:

(coloca-se a taxa conhecida somada a 100)

Para converter uma taxa anual em mensal (usando o exemplo anterior, de forma inversa):

(coloca-se a taxa conhecida somada a 100)

Nota:

- *100 no principal é utilizado como valor base – como em 100%.*
- *Para o cálculo apresentar o resultado correto, é necessário que a calculadora esteja programada para o modo de convenção exponencial para cálculo de periodos fracionários de tempo, ou seja, com o "C" no display. Lembre que, para isso, basta pressionar ▆▆ ▆▆ , em sequência.*
- *Utiliza-se o número 12 porque é o número de periodos de relação entre uma e outra taxa (em um ano, 12 meses). Esse processo pode ser empregado para conversão de qualquer tipo de taxa, bastando, para isso, guardar a devida proporção, por exemplo: na conversão de uma taxa trimestral em anual, o número é 4, pois em um ano "cabem" quatro trimestres.*
- *No primeiro caso, usa-se a função "inverso de um número", porque a fórmula para conversão de taxas presume a razão do número de periodos da taxa desconhecida pelo número de periodos da taxa conhecida – logo, 1/12. No segundo caso, a razão seria o inverso – 12/1 –, dispensando o uso da função.*

11 SÉRIES UNIFORMES DE PAGAMENTO

As séries uniformes de pagamento, anuidades ou rendas são calculadas de forma que, por meio de prestações iguais, chegue-se a determinado montante, seja ele para financiamento ou investimento.

Usando o mesmo sistema de amortização, pode-se alterar completamente o valor dessas prestações iguais, dependendo do critério utilizado em cada método.

Basicamente, é possível trabalhar com quatro diferentes tipos de séries de pagamento:

Série postecipada

Quando o primeiro pagamento se dá no final do primeiro período – normalmente, 30 dias –, depois da contratação do financiamento. É o método mais utilizado nos financiamentos bancários e comerciais.

Exemplo: Qual o valor da prestação de um financiamento de R$ 1.000,00, no prazo de seis meses, a uma taxa de 2,7% a.m.?

Nota:

- *A HP calcula o valor da prestação seguindo o sistema de amortização conhecido como "sistema Price" ou "sistema francês". É o mais empregado porque fornece um conjunto de prestações exatamente iguais, amortizando ao mesmo tempo, no final do período, o total dos juros e o principal.*

- *Se aparecer a expressão "BEGIN" no display da HP, deve-se digitar* 9 8 *. (Ver também segunda nota de "Série antecipada".)*

- *Repare que, como o valor informado em PV foi positivo (pois ingressou dinheiro proveniente do financiamento no caixa), as parcelas resultantes serão negativas (pois "sairão" do caixa quando forem pagas). É o mesmo princípio da convenção do fluxo de caixa aplicado anteriormente.*

Série antecipada

Quando o primeiro pagamento se dá no ato da contratação. Este não deve ser confundido com "entrada", a qual é sempre um valor pago "à vista", não computado no financiamento. A série antecipada prevê a primeira prestação paga no ato, mas a incorpora no cálculo. Nesse caso, deve-se alterar o modo de cálculo da HP utilizando a função de amortização em início (*begin*).

Com o mesmo exemplo anterior:

Notas:
- *O valor da parcela diminui, pois há uma primeira amortização já no início do período, reduzindo o saldo devedor, sobre o qual incidirão os juros.*
- *Aparecerá no display, ao utilizar a função ▇, a expressão "BEGIN", indicando que a calculadora está programada para esse modo de cálculo. Quando programada para amortização no final do período, nenhuma mensagem é mostrada. Para retornar a esse modo, basta digitar ▇ ▇.*

Série diferida

Quando há um período conhecido como "carência", para o início dos pagamentos de amortização. Considerando o mesmo exemplo anterior, com uma carência inicial de três meses para o começo dos pagamentos:

Nota: perceba que primeiro é necessário estabelecer o cálculo do valor total do financiamento com os juros acumulados durante o período de carência (no exemplo, três meses), no qual não há pagamentos, mas os juros incidem normalmente. Executado esse cálculo, o resultado do valor futuro torna-se o principal, para restabelecer a conta, considerando o período normal. Não é preciso repor a taxa, pois esse dado fica armazenado no registrador financeiro. No entanto, deve-se "zerar" o valor futuro (FV), para que o cálculo anterior não influencie a determinação da parcela, alterar o prazo – agora para o prazo de pagamento do financiamento, no caso, seis meses – e, finalmente, garantir que a calculadora esteja no modo "antecipado" (BEG). Isso porque, se calcularmos as prestações com a HP no modo "postecipado" (END), ela dará mais 30 dias para o primeiro pagamento, alterando a carência de três para quatro meses e produzindo, portanto, um resultado errado.

Série com parcela complementar

Também conhecida como "parcelamento com reforço", valor extra a ser pago ao final do período, que complementa a amortização. Tomando o mesmo exemplo anterior, agora com um "reforço" de R$ 200,00 ao final da amortização:

12 AMORTIZAÇÃO

A qualquer momento do financiamento, pode-se querer saber quanto foi pago de juros, quanto já foi amortizado do principal e qual é o saldo devedor.

A HP 12C torna esse tipo de cálculo, normalmente bastante complexo, um processo muito simples.

Por exemplo, para um financiamento de R$ 3.000,00, a uma taxa de 1,7% a.m., no prazo de 24 meses, em que já foram pagas sete parcelas:

(juros pagos até a sétima parcela)

(capital já amortizado até a sétima parcela)

(saldo devedor atualizado até a sétima parcela).

13 CÁLCULO DO FATOR MULTIPLICADOR

Como dito, o sistema de amortização Price é de longe o mais utilizado nos financiamentos bancários e comerciais. Um dos motivos para seu largo emprego é a facilidade gerada pela determinação do chamado "fator multiplicador". Trata-se de um fator de cálculo que pode ser aplicado uniformemente a qualquer capital se a taxa de juros se mantiver inalterada. Obviamente, ele vai variar conforme o prazo. Assim, é comum nas lojas, financeiras e bancos existirem "tabelas" que variam de 1 até o limite de meses concedido para financiamento. Conforme o valor a ser financiado, basta multiplicá-lo pelo fator de cálculo e o resultado será a prestação a pagar.

A HP ajuda a montar a tabela Price com muita facilidade.

Por exemplo, para taxa de juros de 1,5% a.m., no prazo de um a cinco meses:

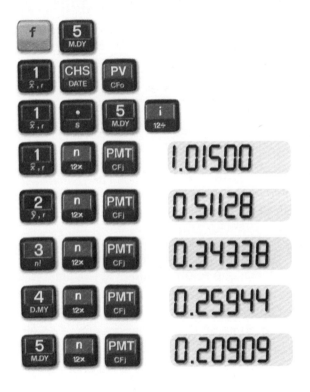

Caso se queira financiar o valor de R$ 500,00 em três parcelas, basta multiplicá-lo por 0,34338 para obter o valor da prestação: 500 x 0,34338 = 171,69. Se o valor a ser financiado for de R$ 1.000,00, também em três parcelas, adota-se o mesmo procedimento: 1.000 x 0,34338 = 343,38. Para verificar o valor da parcela para esse capital, em quatro vezes, é só multiplicá-lo pelo fator 0,25944. E assim por diante.

> *Nota:* *tendo em vista que o arredondamento geraria uma diferença de valor considerável, devem-se levar em conta cinco casas decimais após o separador (no caso, a vírgula).*

Ao adotar "1" como o valor a ser financiado, o retorno dado pela calculadora é o próprio fator multiplicador.

O prazo vai sendo alterado (1, 2, 3, 4...) a partir do número de prestações que se deseja estabelecer, sem a necessidade de retomar a taxa de juros, uma vez que ela continua armazenada no registrador financeiro da calculadora.

14 ANÁLISE DO FLUXO DE CAIXA

O processo conhecido como "análise do fluxo de caixa" é bastante utilizado para a verificação do retorno de investimentos. Ele trabalha com vários fluxos, não uniformes, ao longo de determinado período, que podem ser negativos (saída de dinheiro) ou positivos (recebimentos). Há, basicamente, dois métodos de análise: o do Valor Presente Líquido e o da Taxa Interna de Retorno.

A HP 12C admite, no modo básico, até 20 operações de entradas e saídas diferentes (modelo Gold).

Exemplo: Foi oferecido a um investidor um imóvel no valor de R$ 315.000,00. No primeiro ano, ele espera gastar mais R$ 50.000,00 em despesas como impostos em atraso e reforma. No segundo ano, prevê receber com aluguéis R$ 20.000,00; no terceiro, R$ 35.000,00; e, no quarto, R$ 38.000,00. No fim do quinto ano, estima revender o apartamento por R$ 350.000,00. Seria adequado para ele um retorno de, pelo menos, 13% a.a.

Método do Valor Presente Líquido
(ou Redução a Valor Presente)

-106,056.01

Como o resultado é negativo, isso indica que a taxa de retorno não foi a esperada (ou seja, não atingiu os 13% a.a.). Quanto mais distante de 0 o resultado, maior a diferença entre a taxa obtida e a pretendida.

Se o resultado fosse igual a 0 (o que é muito difícil, dado o conjunto de cálculos que o fluxo de caixa envolve e o arredondamento que acontece em cada etapa) ou positivo, indicaria que a taxa pretendida foi obtida ou superada.

> ***Nota:*** *se determinado valor se repetir mais de uma vez, consecutivamente, procede-se da seguinte maneira:*
>
> Valor da entrada ou saída de caixa
>
>
>
> Número de períodos em que o valor se repete
>
>
>
> *Esse processo só pode ser utilizado se os valores se repetirem consecutivamente.*

Com o outro método, encontramos a taxa que torna nulo o valor presente líquido, ou seja, a taxa que será retornada pelo fluxo de caixa apresentado.

Método da Taxa Interna de Retorno (TIR)

Nota: o resultado corresponde à taxa percentual de retorno obtida no período de capitalização equivalente aos fluxos informados. Como no exemplo foram usados fluxos anuais, a taxa resultante é de 4,43% a.a.

É comum que a calculadora demore um pouco a apresentar o resultado. Ela ficará em modo de processamento, apresentando a mensagem "*running*" (processando), devido à complexidade dos cálculos exigidos.